U0931805

沒有一個獨處的地方，

我們的生命將處於危機中……

沒有沈默，說話也失去其意義；

沒有聆聽，說話再不能醫治；

沒有距離，親密再不能救助。

——盧雲

靈 修 著 作 精 選

盧雲系列

始於寧謐處

默想基督徒生命

盧雲著　洪麗婷譯

基道出版社

▼
靈修著作精選 • 盧雲系列

始於寧謐處

默想基督徒生命

Out of Solitude

Three Meditations on the Christian Life

作者
盧雲 J.M. Nouwen

譯者
洪麗婷

責任編輯
堵建偉

裝幀設計
石依恒

■

出版／發行
基道出版社
香港沙田火炭坳背灣街 26 號富騰工業中心 10 樓 1011 室
LOGOS PUBLISHERS
Unit 1011, 10/F, Fo Tan Ind. Centre, 26 Au Pui Wan St., Shatin, Hong Kong
電話：(852) 2687-0331 傳真：(852) 2687-0281
網址：https://www.logos.com.hk

承印
陽光（彩美）印刷有限公司

●

4/1991 初版 1/1992 二版 1/1993 三版
4/1995 四版 10/1997 五版 3/2001 六版 5/2004 七版
Cat. No. LP709-7A
ISBN-10: 962-7048-82-8
ISBN-13: 978-962-7048-82-4
Original Edition "Out of Solitude"
Published by Ave Maria Press

Printed in Hong Kong

刷次	14	13	12	11	10	9	8	7	6	5
年份	2029	2028	2027	2026	2025	2024	2023	2022	2021	2020

目錄

默想壹
始於寧謐處

沒有一個獨處的地方
我們的生命將處於危機

傍晚，太陽下山的時候，有好些人把害各種病和被邪靈附身的人帶到耶穌跟前來；城裏的人也都來了，聚集在門前。耶穌治好了許多患各種病症的人，也趕走了許多邪靈。祂不准邪靈説話，因爲他們知道祂是誰。

第二天一早，天還沒亮，耶穌就起來，離開屋子，出城到偏僻的地方去，在那裏禱告。西門和他的同伴出去找祂；找到了，他們就説：「大家都在找祢呢！」耶穌説：「我們到附近的村莊去吧，我也必須在那些地方傳道，因爲這正是我來的目的。」於是耶穌走遍了加利利全境，在各會堂裏傳道，並且驅逐邪靈。

馬可福音一章32至39節

5　始於寧謐處

引言

「第二天一早，天還沒亮，耶穌起來，離開屋子，出城到偏僻的地方去，在那裏禱告。」在這些字句的中間附帶着行動——醫治受苦的羣衆、驅出污鬼、安撫不安的門徒、由一個城鎮走到另一個城鎮、由一所會堂走到另一所會堂宣講福音——我們找到這些寧靜的說話：「第二天一早，天還沒亮，耶穌起來，離開屋子，出城到偏僻的地方去，在那裏禱告。」在那些叫人不能喘息的行動之中，我們聽到一隅安歇的呼吸。在夜以繼日的行動裏，我們找到片刻安寧靜謐。

在高度投入的心靈中心，有抽離的字句；在行動之間有沈思。同時，在連串共聚之後，有獨處。

我愈看這一句近乎安靜的言語，夾在連串行動的雄亮說話中；就愈加領悟到耶穌使命中的奧祕，原來是隱藏於那個孤寂的地方；在大清早，天還沒有亮的時分，祂到那兒禱告。

在那孤寂地，耶穌找到勇氣，
去跟隨上帝的旨意而非自己的旨意；
去傳講上帝的話語而非自己的話語；
去履行上帝的事工而非自己的事工。

祂經常提醒我們：「我憑自己不能做甚麼……因爲我不求自己所要的，只要實行差我來那一位的旨意。」（約五30）又再一次，「我對你們說的話不是出於我自己，而是在我生命裏的父親親自做祂的工作。」（約十四10下）就是在那孤寂的地方，耶穌與天父進入親密的契合中，誕生了祂的傳道事工。

我期望能反省我們生命的孤寂之處。

從某處我們得知，沒有一個獨處的地方，我們的生命將處於危機中。

從某處我們得知，沒有沈默，說話也失去其意義；沒有聆聽，說話再不能醫治；沒有距離，親密再不能救助。

從某處我們得知，沒有一處孤寂的地方，我們的行動很快就成了空洞的姿勢。

在沈默與說話之間的平衡，
在抽離與投入之間的平衡，
在距離與親密之間的平衡，
在獨處與羣居之間的平衡，
形成了基督徒生命的基礎，故應成爲我們個人專注的最主要課題。

所以，讓我們更深入的去探討，先是我們在激戰中的命途，然後是我們在寧謐中的生命。

在沈默與說話之間的平衡
在抽離與投入之間的平衡
在距離與親密之間的平衡
在獨處與羣居之間的平衡
形成了基督徒生命的基礎

11　始於寧謐處

激戰中的命途

我們實在不難察覺，在這個獨特的世界裏，人人都擁有一股强烈的欲望，爲的是能達到一些目標，完成一點期盼。在我們當中，有些人希望使社會結構有戲劇化的突變；或者，最普遍的期盼，也會是建立一所房子、編寫一本小書、發明一部機器、贏取一份獎品。在我們當中，有部分的人，只會在爲別人效勞時，內心才感到滿足的。

可是，最特別的是，我們念及自我時，都不期然，想到自身對生命的貢獻。同時，當我們年老，一切喜樂愁煩、哀與榮大都建基於一種自我評估上，評估我們貢獻這世界及其歷史的部分。

作爲基督徒，我們甚至自覺有一特別呼召，叫我們爲別人而行善：給予意見、

發放安慰、

驅走邪魔，

甚或是到處宣講福音。

即使這積極的期盼和意欲，往往是一個記號，是我們精神和靈性健康的記號，但在這目標主導的社會壓逼下，這意欲亦會成爲自我意識嚴重困乏的源頭。

更糟的莫過於，我們不單有幹一番有意義事務的欲求，還卻將種種工作的結果，轉化成建立自我形象的準繩，跟着，我們不只擁有「成就」，卻變成了自己的成就，爲成就而生，爲成就而活，當要在人前演講，始發現年事愈高，別人介紹自己的引言便愈冗長，因爲人人都覺得要一一詳列你從學院到現在的成就，是一項自然的義務。

當那一天，我們開始過分沈醉在自我成就的時候，慢慢地……便築成一種錯誤的信念以爲生命就是一個巨大的計分牌，以我的行爲計量我的價值；然而，在我們完全明悉這一切以先，卻又早已將自己的靈魂，交付予那形形色色的生命計分員了。這意味着，我們不只是存在於世界，更是屬於世界。

自我是來自人世間對你我的模塑：
我是智者，只因有人予我高的評價；
我能助人，只因有人向我道謝；
我受歡迎，只因有人喜悅我的存在；
我確重要，只因旁人認爲我是不可或缺的。
簡言之，我們有價值因爲我們擁有成就。

同時，當我們愈讓自我的成就——一切工作成果——成爲建立自我意識的準繩時，正意味着我們越發願意犧牲自己的精神和屬靈生命；卻不曾考慮，這是否能滿足因上一回成功之後，旁人對我所生的期望。

世間上，不少人的生命，就像一條窮兇極惡、索求不絕的鎖環，環環緊扣的，是人類的成就及焦慮，焦慮隨成就的出現而滋長，而這種黑暗的勢力，卻不知將多少藝術家驅入了自我毀滅的深淵。活在這個成就主導的世界中，我們的生命漸顯得被「優越」和「頂尖」所支配：

人們自吹自擂，因擁有最高的鐵塔；

　　沾沾自喜，因訓練出最快的跑手；

　　引以爲傲，因長出了最高的人；

　　暗自欣喜，因築造了最長的橋；

　　枉自提升，因發現了最好的學生；

（然而在荷蘭，我們的看法剛剛相反：我們以擁有最小的鎮、最窄的街道、最微小的房屋和最不舒服的木屐而驕傲。）

但在這種種強調成功行動的深層，卻有無數的人，存活於我們之中受着深切的痛苦，他們被一種深切的自慚形穢所折磨，且被一股恆久的恐懼所籠罩，深怕終有一天，會被人脫去用成就掩飾輭弱的面紗，在一切假象背後所呈現的，是世界爲你我所輕築的聰敏、美善和可愛的形象都將付諸流水。

在時間的巨輪下，有人會在一個特別的時刻，作出人生一個最深切的懺悔：「衆人都以爲我是文靜和有涵養的，但，只要當他們一旦了解到我的眞正感受……」這種對自我困惑的嘮叨，往往是人們對生命感到極度絕望的基本原素，是人們活在這個物競天擇的社會裏，通過不斷掙扎而得的苦果。更甚的，是這種侵蝕性的驚恐，深怕眞我被旁人所發現而打碎自我的堡壘，呈現自我輭弱的威脅，逼使你我在羣體中隱藏起一切深摯和富創意的分享。

當我們願意將自己的身分交付於世界作評估時，這意味着你我就被一股沒有止息的力量所捆縛，而我們也就不能安歇，因爲我們越發體現要得到別人的認同和讚美，只有在這些當中，我們才尋回那虛無的自我。

與此同時，我們又的的確確被另一股力量所誘，要使我們成爲一個低調的人，因一種恆常的自我拒絕，逼使我們垂下頭屈着腰過活。

於是，你我就陷入一個極度危險的絕境：我們將處於完全孤立、沒有知己、沒有友人的深淵，面上的假象逼使人們不呈現絲毫輭弱；只是沒有一種友誼或愛，是可以脫離相互交付雙方的輭弱，而能建立起來的。

當那一刻，我們的成就已不是內心飛躍的獻呈，卻成爲惶恐驚懼的表徵時，這就意味，你我已被牢牢囚困於自我建構的假象當中，永作籠奴，沒有自我。

我們不只擁有「成就」
卻變成了自己的成就
爲成就而生 爲成就而活

19　始於寧謐處

寧謐中的生命

活出一個基督徒的生命，是意味着要**活**在世界中卻不**屬乎**世界。而在寧謐中，這種內在的自由就能夠滋長。耶穌走到一個孤寂的地方禱告，就是讓祂在領悟中成長，知道祂所擁有的一切權能都是上帝賦予的;一切祂所說的話也是從天父而來;同時祂一切所作的，並不是祂自己的工作，乃是那位差遣祂來者的所爲。在寂靜的地方，耶穌被建立，免於失敗。

一個沒有了孤寂處的生命，就是沒有一處寧靜中心的生命，容易變得充滿破壞性。當我們執着於每項行動的結果，就是肯定自我的唯一途徑時，我們跟着就變得要佔有和自我防禦，同時，亦越發將和我們共處的人視爲敵人，要與他們保持距離，多於視他們爲可以一起分享生命中恩典的朋友了。

在寧謐中，我們可以慢慢地除下那充滿防禦假象的面具，同時，在自我的中心處，發現了我們的價值不在於能戰勝自我，卻是一些已給予我的東西。在寧謐中我們能夠聽到祂的聲音，祂在我們能夠說話前已向我們說話；祂在我們作出任何求助的表示前已醫治我們；祂在我們願意釋放別人前，早已釋放我們；同時，在我們能夠將愛給予他人之先，祂早已將自己的愛給予我們。只有在這種寧謐中，我們發現了生命本身遠比擁有的東西重要，同時，自我價值遠比努力而得的成就更爲重要。在寧謐中，我們發現了自己的生命並不是一種需要防禦的佔有物，卻是一份與人分享的禮物。就在那裏我們能夠確認，所說的每一句醫治的話語，並非只是出於自我，也同時是出於給予我們的；而我們所能表達的愛是源於一種更大的愛，是那更大的愛之一部分；同時，我們所帶來的新生並不是一項需要執着的財產，但卻是一份禮物，得去接受。

在寧謐中，我們領悟到自我的價值並不等同於我們的用處。這一哲理，我們可從一個道教故事裏木匠與他的徒弟的對話，其中講論的一棵老樹身上有所學習：

> 一個木匠和他的徒弟正走過一個大樹林，當他們經過一棵又高又大、粗壯且美麗非常的老橡樹，木匠就問他的徒弟：「你想，爲甚麼這棵樹可以長得這樣的高大、粗壯、美麗且長壽呢？」
>
> 徒弟望着他的師父說道：「不知道呢……究竟是甚麼原因呢？」
>
> 「唔，」木匠說：「是因爲它沒有用處。假若它是有用的話，一早就給人家砍伐了，用來造檯造椅。正因爲它沒有作用，它就能長得這樣高大和美麗，而你就能夠坐在它的樹影中歇息。」

在寧謐中，我們能夠長大，免於被我們的用處所佔據，那麼，我們就能按從未計量的去服侍。當我們不再依賴這個世界到某一程度時，無論這個世界是意味着父親、母親、孩子、職業、成就或是報酬，我們便可以組織一個信仰羣體，在那裏只有少量的防禦，卻有無盡的分享。因爲，作爲一個信仰的羣體，我們能認眞的正視這個世界，卻不會過分認眞。在這樣的一個羣體中，我們能夠借用少許教宗若望的智慧，他能夠取笑自己。當一些有高官爵位的人問他：「教宗，究竟在教廷內有多少人工作呢？」他沈默了片刻，答道：「我想，只有他們中間的半數吧。」

在一個信仰羣體中，我們努力耕耘，但不會因沒有成果而破壞；同時，作爲一個信仰羣體，我們要經常提醒其他同伴，我們是一個團契，是一羣全然透徹面對上帝的弱者，祂在我們所在的孤寂處，親口對我說出：不要怕，你已經被接納了。

活出一個基督徒的生命
是意味着要活在世界中卻不屬乎世界

一個沒有了孤寂處的生命
就是沒有一處寧靜中心的生命

25 始於寧謐處

小結

「第二天一早，天還沒亮，耶穌起來，離開屋子，出城到偏僻的地方去，在那裏禱告。」當西門彼得與他的同伴找到耶穌，耶穌對他們說：「我們到附近的村莊去吧，我也必須在那些地方傳道，因爲這正是我來的目的。」

耶穌在這鄰近村莊所說的話，正是孕育着祂與天父的親密關係，這些說話包括了安慰與指責、希望與警告、合一與分裂。祂勇於說出這些富挑戰性的話，是因爲祂並不尋求自己的榮耀：「如果我榮耀自己，我的榮耀就毫無價值。那位榮耀我的是我的父親，就是你們所說是你們上帝的那一位，即使你們從來不認識祂。」（約八54）在短短的幾年內耶穌的說話帶來了摒棄和死亡。但那位在孤寂處向祂說話者，將祂高舉爲盼望與新生命的記號。

當你能夠在自己的行動與關注中，創造出一個孤寂的地方時，你的成功與失敗就會慢慢地失去威力。跟着你對這個世界的愛，就能與你對世界的幻象，同有一種深情了解的結聚。然後，你執着的參與，也揉合着沒有僞飾的笑容；而你對其他人的關注，是被別人的需要所鼓動，多於出自自己的需要。簡言之，是你能關顧。所以讓我們把生命活得最豐盛，但同時讓我們不要忘記恆常在清早起來，天還沒亮時，離開屋子，找一個偏僻的地方去。

在寧謐中
我們領悟到
自我的價值並不等同於
我們的用處

默想貳
活在關顧中

始於寧謐處
耶穌伸出
祂關顧的手肘
親撫那些有需要的羣衆

於是他們（耶穌和祂的門徒）坐船出發，悄悄地到偏僻的地方去。可是，好些人看見他們離開，立刻認出他們。羣眾就從各城鎮出來，爭先恐後地趕路，走在耶穌和門徒的前面，先到了那地方。耶穌一登岸，看見一大羣人，動了惻隱的心，因爲他們好像沒有牧人的羊羣。祂就用許多話教訓他們。傍晚的時候，門徒來見祂，對祂說：「天晚了，這裏又是偏僻的地方，請叫大家散開，好讓他們到附近的村莊買食物吃。」耶穌說：「你們給他們吃吧。」他們問：「你要我們去買兩百塊銀子的餅來給他們吃嗎？」

耶穌對他們說：「去看看你們一共有多少個餅？」

他們查過後說：「五個餅和兩條魚。」

耶穌吩咐門徒叫羣眾一組一組地坐在草地上。大家坐下來，有一百個人一組的，有五十個人一組的。耶穌拿起五個餅和兩條魚，舉目望天，感謝上帝，然後擘開餅，遞給門徒；門徒就分給大家。同樣，祂把兩條魚也分了。大家都吃而且都吃飽了，門徒把剩下的餅和魚裝滿了十二個籃子。吃飽的人數光是男人就有五千。

馬可福音六章32至44節

引言

始於寧謐處，耶穌伸出祂關顧的手肘，親撫那些有需要的羣衆；祂在那孤寂地，關顧漸漸變得有力而成熟；祂也在那裏與同時代的人，進入一種醫治的契合中。

耶穌確實的關顧了。作爲一個現實的人，我們會說：「這是顯然易見的：祂餵養飢餓者，令瞎子得看見、聾子可聽、瘸腿的可以行走，死人也可復活，祂確實的關顧了他們。」

但在我們爲祂所作過種種不尋常的事而驚訝時，我們忘記了：在耶穌給予食物羣衆以先，是接受在人羣中一個陌生人所奉獻出的五餅二魚；在拿因城叫死去的年輕人活過來以先，是那寡婦母親的哀慟；在墳墓中叫拉撒路復活起來以先，是從心靈中直湧出來的淚珠和絕望。我們所看到、所喜歡去看的，只是醫治和改變；我們所看不見和不想去看

的卻是關顧，

在疼痛中的參與，

在苦難中的共存，

在破碎經驗中的分擔。

始終，沒有關顧的醫治，像一個冰冷心窩所給予的一份禮物那樣欠缺人性。我願意在反省中將關顧看爲是一切醫治的基礎及條件。在我們的羣體中，已將一切着重點都放在醫治上。

我們想成爲專家：醫治患病者、

扶助窮困者、

教導無知者、

組織零散者，

但最大的試探卻是我們利用自己的專長，與那問題的核心保持一個安全的距離；同時也忘記了，在長期沒有關顧的醫治中，所產生的害處遠多於助益。所以,讓我們先問自己,究竟甚麼才是關顧的眞義,跟着，看看關顧如何才能成爲一個羣體的基礎。

眞正的關顧
並非可模棱兩可的
在它當中沒有漠視
它是冷漠的對立者

37　始於寧謐處

關顧

究竟甚麼才是關顧呢？讓我在開始時先說，這是一個具有多重意義的詞語吧！

當人說：「我會關顧你！」這個宣告式的話語的意思，與其說是一種充滿熱切感情的憐憫，倒不如說是一個緊迫的撞擊吧了！

在這種多重意義之外，關顧這詞有時也被用在負面的情形下。

「你想要咖啡還是茶呢？」「沒有關係。」

「你想留在家中或出外看一齣電影？」「沒有關係。」

「你想走路還是乘車去？」「沒有關係。」

這些對生活中的選擇，表現出漠不關心的態度，而成爲了生命的共通點，而看來是漠不關心的人，往往比關心人者更被接納。一個毋須關顧的生活模式比一個關顧人的更為吸引。眞正的關顧並非可模棱兩可的，在它當中沒有漠視，它是冷漠的對立者。

關顧 (care) 的字根在哥德式的語言中，是 "*Kara*"，其意思是哀慟。

關顧的基本意義是：與悲傷者同愁、
與哀慟者同憂、
與流淚者同泣。

關顧這詞的背景，使我非常震慄。
因為，在我們的思想中，「關顧」的意思往往
是强者對弱者的扶助，
是權能者對卑微者的同情，
是富有者對貧乏者的施予，
而實際上，在任何行動以先，我們覺得被邀請進入別人的痛苦中，是件很難為的事。

當我們撫心自問：「誰是我生命中最重要的人？」浮過腦際的，

斷不是那給予諸多意見的能手，
斷不是那提供解決方法的天才，
斷不是那自命醫治權威的神醫；
而是那些分嘗我甘苦的友人，

那用溫柔的手肘，親撫我傷口的同伴，

那個靜靜地伴在我旁，與我同度每一個悲傷、失落、混亂、無望及種種難奈歲月的同行者。

他能用眞情接觸淒愴，
用心力挽着失敗的臂彎，
用忍耐緊扣對事態的無知、
對劣勢的無奈、
對創傷的無助。

能與我共度一無所靠、共歷一無所依的絕境的，才是那些眞正懂得關顧我的朋友。

你一定還記得當友人失去妻子、孩子或父母的一刻，你要去陪伴他，你能夠在那一刻有所提議嗎？你可以說甚麼呢？這時往往有一種强烈的傾向說：「不要哭了，你所愛的人在上帝的手中。」或者是：「不要悲傷，世上美好的人和事還多着呢！」不過，若我們眞正的準備和他去經歷面對死亡的無助時，深摯的說一聲：「我並不完全了解生與死的奧祕，亦不明白你此刻所感所受，但在此，我和你一起。」

我們是否願意**不再**逃避苦楚的臨近，**不再**故意裝作忙碌，而願意和哀痛的人面對死亡呢？

一個眞正關顧的友人，會弄清楚無論外在世界發生甚麼事，眞正重要的是走到另一個人的生活中，領略其生命的種種。實際上，這意味着比痛苦、病痛甚或是死亡還甚的事，我們可以從一些作家身上，獲得超乎想像的慰藉與盼望，他們並不對生命的問題給予任何答案，只是他們都有勇氣清楚地、誠實無欺地說出自己生命的景況和朝着的方向。

齊克果 (Kierkegaard)、沙特 (Sartre) 卡謬 (Camus)、韓馬紹 (Hammarskjold) 和梅頓 (Merton)，沒有一個曾給予生命的答案。然而，在我們當中有很多人閱讀他們的作品時，都找到新的力量，去追求自己的探索。他們能勇於深深地進入人性中的痛苦，並能眞正與自我的痛楚共存，這經歷給予他們說出醫治話語的能力。因此，關顧意味着我們要首先與其他人同存。經驗告訴我們，那些關顧我們的人成爲與我們共存者。當他們聆聽，是聆聽你的說話，當他們說話，你知道是向你說話，同時，當他們發問，你知道是因着你的緣故，而並非爲了他們。

他們的同在是一個醫治的同在，因爲他們以你的意願接納你，同時鼓勵你認眞地正視自己的生命，相信自己的才能。我們有遠離痛苦實況或是試圖將劣境改變的趨向。

但沒有關顧的醫治，便使我們成爲管治者、操縱者、控制者，同時亦阻延一個羣體的成形。沒有關顧的醫治逼使我們要立即改變，也使我們不耐煩和不願與人分擔重擔。所以，醫治往往成了一種冒犯而不是釋放的行動；故此，不少時候，那些有需要的人會拒絕醫治，並不是件奇怪的事。

不單是個人在意識到一種不真誠的關顧時，會予以拒絕；就算是被歧視的少數民族亦會拒絕支援。同時，在苦難中的國家，當意識到尊嚴受損，亦會減低接受醫療和食物的援助，因爲他們知道，受苦總好過沒有尊嚴地接受一些缺乏關顧的禮物。

關顧的基本意義是
與悲傷者同愁與哀慟者同憂
與流淚者同泣

45 始於寧謐處

羣體與關顧

這留給我們一個迫切的問題：我們怎樣才算或怎樣成爲一個關顧的羣體，這個羣體內的人不會試圖用慣性的忽略去掩蓋或逃避痛苦，但卻願將分擔痛苦作爲醫治和新生的泉源？

最重要的是你要了解自己不能得到一個關顧的博士學位，而關顧是不能委託專家去處理的，所以，沒有人能砌詞而免於關顧。固然，在我們這樣的社會裏，我們有強烈的意圖將問題轉介給專家。

當某人感到不適時，我們很敏捷地想到：「我們可以到那裏去找一個醫生呢？」當某人在混亂和困惑中，我們很容易就會建議他去找輔導員。而當某人在面對死亡時，我們很快的去召喚牧師。甚至當某人想禱告時，我們會懷疑是否要有一個傳道人在場。

> 在兩個世紀前有這樣的一個故事，一七八七年六月，正是美國立國頒布憲法的日子，當人們的討論並沒有甚麼結果，富蘭克林提議在另一節會議前一同禱告。但與會的人紛紛反對這項建議，這並不是因爲他們不相信禱告，而是因爲他們並沒有足夠的金錢去聘請一個會牧。

雖然，很多時呼求外來的幫助亦會很有意義，但有時我們將事情轉介予他人，是一個害怕見到痛苦的表現多於是關顧的表現。而同時在這些事情中，我們將自己最大的恩賜——醫治的恩賜，互相收藏起來。

每一個人都有一偉大的、但可能仍未知曉的恩賜，就是能關顧，能與人爲伴，能與人同在，去聆聽，去知聞和接受。若那個恩賜可以被釋放而能有所用的話，那麼神蹟就能誕生。那些能眞正懷着感激的笑容，接受陌生人的餅的人，才能在不知不覺間供餅令更多人溫飽。那些能在安靜中坐在朋友身旁的人，雖不知應說甚麼，只知道他應坐在那裏，這便能夠爲一個垂死的心靈帶來新生。

那些不再害怕與人感激地緊緊一握、或是掉下悲傷的眼淚、和讓難過的歎息從心坎直湧出來的人，就能突破僵化的障礙，同時見證一個新團契的誕生，一個破碎者的團契。

爲何我們要將「關顧」這個偉大的恩賜深深隱藏呢？

爲何我們只願付出一毛錢，但卻不願放眼一顧那乞丐的面孔呢？

爲何我們不能與那在飯堂中的孤單者共膳，而不需四處尋索熟悉的友人？

爲何我們絕少去敲一敲別人的門或是搖一個電話，爲的是打一個招呼，表達一下彼此間的掛念呢？

爲何這樣艱難才得到一個笑容，而那樣艱辛才能得到安慰的說話呢？

為何總是很難對一個老師表達感謝，
對一個學生表示仰慕，
對一個負責煮飯、清潔或種花
的男人或女人表現欣賞？

為何我們經常在同一條路上互相溜過，而各自去找某些更重要的人？

大概最簡單的是我們非常着重要與別不同，我們不願意讓自己卸下沈重的盔甲，而共同處於無助中；或者，我們經常被自己的意見、思想和信念所充塞着，而根本就沒有空間去聆聽別人，及從她或他身上學習。

有一個關於一個大學教授去找一個禪師求問禪學的故事。那位能賢禪師，奉茶予求問的大學教授。他將茶注滿這位到訪者的杯中，跟着繼續的傾注。教授望着已經滿溢的杯子，直到不能再控制自己，就說：「已經滿瀉了，不要再繼續！」

「就像這個杯子，」能賢說：「你充滿着自己的思想與偏見。除非你先倒空自己，否則我又怎能指教你有關禪的道理呢？」

關顧是指我們願意首先倒空自己的杯，同時讓其他人能走到我身邊。這意味着要挪開一切妨礙我們與他人合一的屏障。

當我們甘願去關顧，就會發現人性中沒有一項質素是與我隔離的，一切的憎惡與愛慕、殘酷與感情、驚恐與喜樂都能在我們的心坎中尋找得到。

當我們甘願去關顧，我們就得在別人殺人時認罪，因爲我也有分殺人；當他們去折磨人，我也做了同樣的事；當他們去醫治人，我也做了同樣的事；同時，當他們付出生命，我也做了同樣的事。跟着我們就能經歷與殺敵的軍人、與使人煩擾的看更、與正玩耍得好像生命沒有盡頭的青年、與因爲害怕死亡而不敢玩耍的老人同在。

藉着對人類共同處發出誠實的確認和懺悔，我們才能參與那位關顧人之上帝的工作，祂的來臨，不是滿有威勢而是沒有能力，不是與別不同而是完全一樣，不是挪開我們的苦痛，而是和我們一同分擔。通過這項參與，我們能夠彼此將心靈開啓，同時能組成一個新的羣體。

那些能眞正懷着感激的笑容
接受陌生人的餅的人
才能在不知不覺間供餅令更多人溫飽

53　始於寧謐處

小結

當耶穌接收到那五個餅與兩條魚之後，祂將之歸還給羣衆，然後每個人都得到充分的食物。這份禮物是從接受中衍生出來的。食物從一羣同血族的飢餓者所出，醫治從情感所出、療助從關顧所出。當他或她能與困乏者一同呼號時，就能夠沒有防禦的給予。

只要我們仍是被一種追求美好的欲望所佔有和盤據，但沒有能力去感受到那些受痛苦者的呼號，我們的幫助只不過仍是飄搖於思想與援手的某處，並未有着實的下降到那有需要者的心坎裏。

但在寧謐中，我們的心能慢慢地脫下那些保護的詭計，同時能廣闊而深入地增長，使人性中任何東西對它來說都再不陌生。

跟着，我們就能夠對自己所做錯的事深表懊悔，成為壓碎和破裂的人，不只是為我們自己的罪過與失敗，但同時也爲與我們共存之人類的痛苦。然後，我們能孕育出一種新的悟性，去接觸那些遠超於人類努力的疆界。同時，在我們的恐懼和狹窄的意念中，會害怕那些連自己也沒有足夠食物的人，也都會擁有笑臉。因此，我們會發現，在供應了多於五千人吃飽之後，還有十二個籃子的餅和魚的剩餘。我們在寧謐中所孕育出來的關顧，能夠成爲一個信心盼望的記號，在將來的日子成爲一種完全的喜樂。

藉着對人類共同處發出
誠實的確認和懺悔
我們才能參與
那位關顧人之上帝的工作

默想叁
活在期待中

沒有期待
關顧容易腐化成
一種被痛苦所盤據的病態
只會容讓更多埋怨提出
卻不能建立任何羣體

（耶穌在被出賣的那一夜，對祂的門徒說：）

「過一會兒，你們就看不見我了；然而，再過一會兒，你們還要看見我。」

門徒當中有幾個人彼此說：「祂告訴我們：『過一會兒你們就看不見我了；然而，再過一會兒，你們還要看見我；』又說：『因爲我要到父親那裏去；』這些話是甚麼意思呢？」

也有人問：「祂所說的『過一會兒』是指甚麼呢？我們不曉得祂在說些甚麼！」

耶穌知道他們想問的，就對他們說：「我說『過一會兒，你們看不見我了；然而，再過一會兒，你們還要看見我』；你們彼此在討論這句話嗎？我鄭重地告訴你們，你們要痛哭哀號，世人卻要歡樂；你們要憂愁，可是你們的憂愁將變成喜樂。一個女人快要生產的時候憂愁，因爲受苦的時刻到了，但是生了嬰孩以後，就忘掉了痛苦，因爲高興有一個嬰孩出生到世上來了。你們也是這樣，現在你們雖然有憂愁，但是我要再見到你們，你們心裏就會充滿喜樂；你們的喜樂是沒有人能奪走的。」

約翰福音十六章16至22節

引言

從寧謐處孕育出來的關顧，若不是緊繫於期待中，讓上帝成爲一切之首的完全日子，那關顧還未能持久的。沒有期待，關顧容易腐化成一種被痛苦所盤據的病態，只會容讓更多埋怨提出，卻不能建立任何羣體。

但耶穌把我們從自怨自艾中釋放出來，而指向一個超越短暫的關顧，達至那滿有喜樂的大日子。

「過一會兒，你們就看不見我了；再過一會兒，你們還要看見我……現在你們憂愁，但……你們心裏就充滿喜樂；你們的喜樂是沒有人能奪走的。」

我們的生命在期待中的只是一會兒、一段憂愁與喜樂時刻親吻的時間。

憂愁蔓延於我們生命的每一刻，看來，沒有一種徹徹底底的純喜樂存在於生命裏，即使在最快樂的一剎那，總是存在着些微憂愁的意識。

在每次滿足裏，總是醒悟到必有其限制；
在每項成功中，總會有怕被妒忌的恐懼；
在每個微笑背後，總有一顆淚；
在每次擁抱中，總有一點孤單；
在每段友誼中，總有距離。

同時，在各種的光明中間，我們實在知道周圍有黑暗。

喜樂與憂愁，就像新英格蘭深秋艷彩華美的落地楓葉，對比於其上蕭索而肅穆的禿樹一樣，那麼接近。當你緊握遠歸友人的手，你隨即知道他將再次離你而去；當你被寧靜無邊、落霞斜照的海洋所感動，你卻惦念着未能與你共享如此美景的友人。喜樂與憂愁像是孿生的，都是從心靈的深處中躍升上來，以致你不能用言語去捕捉這種複雜的情懷。這種緊密的經驗，能在每一點的生機內接觸着每一點的死亡；卻成爲引領我們超越自我存在的局限之途。這經驗能有這樣作用，是因着使我們能在期待中前望，期待那叫我們的心靈充滿完全喜樂的日子，就是那沒有人能奪去的喜樂的日子。

所以就讓我們反省期待這一課題。首先反省「期待就是忍耐」，跟着「期待就是喜樂」。

在每次滿足裏
總是醒悟到必有其限制
在每項成功中
總會有怕被妒忌的恐懼
在每個微笑背後
總有一顆淚

期待就是忍耐

忍耐乃期待之母。

法國作家西蒙娜・薇依 (Simone Weil) 在她的筆記本上寫着：「靈性生命的基礎是在期待中忍耐地等候。」

沒有忍耐，我們的期待就會腐化成妄想。

忍耐是從一個希臘字 *"patior"* 所出，意思是受苦。耶穌第一件應許的事就是受苦：「我告訴你們……你們要痛哭哀號……你們要憂愁。」但祂稱這些痛苦爲生產之苦。故此，任何看似是制肘的便成爲出路；任何看似是障礙物的，便成爲一扇門；任何看似是不適用和可棄的，便成爲一塊房角石。耶穌改變我們的歷史，把一連串的憾事與意外轉化成爲不斷提供的機會，爲的是要讓我們有內心的改變。

忍耐地等待，就是意味着可以容許我們的悲泣與哀號，成爲一項淨化的預備，預備我們接受那應許予我們的喜樂。

幾年前，我曾在美國聖母院大學裏遇見一位年老的教授。他回顧自己漫長的教學生涯時，一個有趣的目光閃過他的雙眼，說道：「我時常投訴自己的工作不斷受到騷擾，直至我慢慢地發現，原來那些騷擾我的，就是我的工作。」

這就是我們生命中最重大的改變：要確認和相信，那些在期待以外的事情，並不只是騷擾我們計劃的東西，卻是一條上帝塑造我們心靈的路，以預備祂再來。

我們生命裏，最大的試探是厭倦和苦澀。
當我們美好的計劃，給壞天氣所打擾；
當我們計劃妥善的事業，給病痛或運氣打擾；
當我們平靜的思緒，給內在的不安打擾；
當我們和平的希望,給一場新近爆發的戰爭打擾;

當我們要求有一個穩定政府的欲望，給那些不斷更替的御林軍打擾；

當我們長生不老的願望，給眞正的死亡困擾；我們就受試探屈服於使人癱瘓的厭倦前，或者被反擊至具破壞性的苦澀中。

但當我們相信忍耐能令我們的期待成長，跟着命運就能轉化成使命，創傷轉化成一個呼號，要求更深入諒解的呼號，同時，憂愁亦成爲喜樂的出處。

我想告訴你關於一個中年男人的故事，他的工作受到重大的困擾，因爲他發現自己患上了白血球過多症，是一種不能治愈的血癌。他生命中一切的計劃都成爲泡影，而一切的路向都得改變。但慢慢地，他可以不再問自己：「爲何要在我身上發生這些事？」「究竟我做錯了甚麼，會得到這樣的命運？」反而，他卻問：「在這件事的背後，究竟隱藏着甚麼應許？」

當他的反叛成爲一種新的追求時，他覺得自己能夠將力量與盼望，帶給患有癌症的病人。同時，藉着直接面對自己的處境，他能將自己的苦痛化成醫治別人的源頭。在這些日子中，他爲那些病人所作的，不只超過一個傳道人可以作的，同時也是他在一個以前從未得知的境界中，重新找着了自己的生命。

沒有忍耐
我們的期待就會
腐化成妄想

73　始於寧謐處

期待就是喜樂

既然忍耐就是期待之母，那麼，期待本身就將新的喜樂，注入我們的生活裏。耶穌不只叫我們顧念自己的痛苦，還要仰望痛苦以外的東西。「現在你們有憂愁，但是我要再見到你們，你們心裏就充滿喜樂。」無論是男人或女人，若沒有對將來的盼望，就不能在現今有創意地存活。盼望的弔詭性，確實在於那些相信還有明天的人，能在今天活得更好；那些期盼喜樂會在哀痛中湧現的人，能在固有生命的中間，發現新生；那些指望上主再臨的人，會發現祂實在已臨到他們中間。

你會知道一封信是怎樣改變你的一天。當你觀看人們在一堵掛着郵箱的牆前，你就能得悉一張細小的紙張，是怎樣改變一個人面上的表情：能將垂頭的變爲昂然屹立，又可使一個陰鬱的嘴唇再次吹起口哨。日子或會如昨日一般的沈悶，同時工作也一樣叫人疲累；但在你郵箱裏的信，正告訴你有人愛你，有人期待與你再次相會，有人需要你的同在，或是有人答允將要到臨……這種種，令一切都改變了。

一個活在期盼中的生命，就像是我們生命中收到一封信一般。一封信能夠令那個我們深深惦念的他，比我們想像中回來得早。期盼將喜樂帶到生命的哀痛中，同時將所愛的人，帶到思念者的心坎裏。

那位在以往與我們同在者，亦會在將來重回，在那珍貴的時刻與我們一起，使記憶與盼望在當中互相交匯。在那時，我們就明白到，自己只可對祂有所期盼就夠了，因為祂早已親撫了我們。

一個從加州來的學生，他離開了自己很多很多好友，為的是到遙遠的東岸來讀書，他最近告訴我：「分離的確是一件很困難的事；但假若分離不是苦痛的話，重聚亦不可能會是喜樂的。」所以，他的九月哀痛將會化成爲聖誕時的喜樂。

究竟上帝是存在還是離開了呢？或者，現在我們能夠說，當祂不在我們悲痛的中心時，這就是我們能夠找到祂存在的第一個印記，而同時，在我們尋索的中間，我們會發現那留下足印的人。

這正是，在懷着信心等候自己心愛的那一位時，才知道祂早已是怎樣的充滿在我們的生命裏。就如一個母親在盼望兒子歸家時，能夠加深對兒子的愛；又如一雙愛侶，在長久的仳離後，可以與對方重遇；故此，我們與上主的親密關係，在耐心等候祂再臨的時候，發展得更深厚和更成熟。

這卻是那對基督再來的期待
將我們的寧謐和關顧
模造成那滿有喜樂的日子的裝備

79　始於寧謐處

小結

「過一會兒，你們就看不見我了；然而，再過一會兒，你們還要看見我。」我們就是生活在這一會兒之中。當我們能夠活在寧謐之中，我們就可以有創意地生活，而不受工作的成果影響。

同時，當我們活在關顧中，這就是與那些痛哭哀號的人一同呼號的時候。然而，這卻是那對基督再來的期待，將我們的寧謐和關顧，模造成那滿有喜樂的日子的裝備。

這就是我們在用聖餐的餅和酒時所表達的情感。我們不是吃餅來充飢，或是飲酒來解渴，我們只是吃一點點的餅和喝少許的酒，爲的是要確認上帝的同在，就是同在於那位已到臨者，且祂要再來；祂輕撫我們的心靈，但卻沒有將一切的憂愁取去。

所以當我們一起分享餅和酒的時候，我們這樣做並不是爲那些已經臨到的，而是那些男的和女的，能夠彼此在忍耐中互相支持，直至能再次見到祂。跟着，我們的心就充滿喜樂，一種沒有人能將之奪去的喜樂。

作者簡介

盧雲(Henri J.M. Nouwen)

原籍荷蘭，著名靈修及牧養神學作家，曾於美國聖母院大學、耶魯大學及哈佛大學之神學院任教多年。一九八五年離開哈佛大學，在法國Trosly的「方舟團體」(L'Arche Community)生活，等候及尋索未來的「召命」。終於受「方舟團體」在加拿大多倫多市以北的「黎明之家」(Daybreak)邀請，自一九八六年起為其牧者，服事家中的弱智人士及職員，直至一九九六年九月安息主懷止。其作品包括《羅馬城的小丑戲》、《心應心》、《始於寧謐處》、《念》、《親愛主，牽我手》、《奉耶穌的名》、《與祢同行》、《鏡外》、《新造的人》、《生命中的耶穌》、《愛中契合》、《黎明路上》、《建立生命的職事》、《負傷的治療者》、《亞當》、《活出有愛的生命》及《盧雲眼中的梅頓》等。

盧・雲・著・作・一・覽・表（基道出版）

Intimacy: Essays in Pastoral Psychology (1969)
《愛中契合》香港：基道，一九九四。

Creative Ministry (1971)
《建立生命的職事》香港：基道，一九九六。

With Open Hands (1972)
《親愛主，牽我手》香港：基道，一九九一。

Thomas Merton: Contemplative Critic (1972)
《盧雲眼中的梅頓》香港：基道，一九九九。

The Wounded Healer (1972)
《負傷的治療者》香港：基道，一九九八。

Out of Solitude (1974)
《始於寧謐處》香港：基道，一九九一。

Clowning in Rome (1979)
《羅馬城的小丑戲》香港：基道，一九九〇。

In Memoriam (1980)
《別了，母親》香港：基道，一九九一。
《念：別了母親後》(重譯本)香港：基道，二〇〇〇。

Making All Things New (1981)
《新造的人》香港：基道，一九九二。

Compassion (With D. McNeil and D. Morrison, 1982)
《慈心憐憫》香港：基道，二〇一七。

Letters to Marc about Jesus (1988)
《生命中的耶穌》香港：基道，一九九三。

The Road to Daybreak: A Spiritual Journey (1989)
《黎明路上》香港：基道，一九九五。

Heart Speaks to Heart (1989)
《心應心》香港：基道，一九九一。

Beyond the Mirror (1990)
《鏡外》香港：基道，一九九二。

In the Name of Jesus (1990)
《奉耶穌的名》香港：基道，一九九二。

Walk with Jesus (1990)
《與祢同行》香港：基道，一九九二。

Life of the Beloved (1992)
《活出有愛的生命》香港：基道，一九九九。

Adam: God's Beloved (1997)
《亞當——神的愛子》香港：基道，一九九九。

Sabbatical Journey: The Diary of His Final Year (1997)
《安息日誌——秋之旅》香港：基道，二〇〇二。
《安息日誌——冬之旅》香港：基道，二〇〇三。
《安息日誌——春夏之旅》香港：基道，二〇〇三。

The Road to Peace (1998)
《和平路上》香港：基道，二〇〇二。

Finding My Way Home (2001)
《尋找回家路》香港：基道，二〇〇四。

Turn My Mourning into Dancing: Finding Hope in Hard Times (2001)
《祢已將哀哭變為跳舞》香港：基道，二〇一八。

Peacework: Prayer, Resistance, Community (2005)
《和平篇章》香港：基道，二〇〇七。

A Spirituality of Living (2011)
《**盧雲靈思集・生命中的蒙愛時刻**》香港：基道，二〇一八。

A Spirituality of Caregiving (2011)
《**盧雲靈思集・關顧，傷癒時刻**》香港：基道，二〇一八。

A Spirituality of Homecoming (2013)
《**盧雲靈思集・歸心，歸回上帝的時刻**》香港：基道，二〇一八。

Discernment: Reading the Signs of Daily Life (With Michael J. Christensen, Rebecca J. Laird, 2013)
《**靈心明辨**》香港：基道，二〇一五。

Following Jesus: Finding Our Way Home in an Age of Anxiety (2019)
《**跟從耶穌，每一步都是歸心之路**》香港：基道，二〇二〇。

靈修著作精選

重整靈性生命，陶冶完善人格。

我們與（不）信的距離——默想聖經6個不完美的聖徒故事

黃嘉樑 著／HK$78

跟從耶穌，每一步都是歸心之路——盧雲給焦慮時代的6堂心靈課

Following Jesus: Finding Our Way Home in an Age of Anxiety

盧雲 (Henri J. M. Nouwen) 著／黃大業 譯／HK$78

祢已將哀哭變為跳舞——在時艱中尋找盼望

Turn My Mourning into Dancing: Finding Hope in Hard Times

盧雲 (Henri J. M. Nouwen) 著／黃大業 譯／HK$78

盧雲靈思集．生命中的蒙愛時刻

A Spirituality of Living

盧雲 (Henri J. M. Nouwen) 著／黃大業 譯／HK$58

盧雲靈思集．歸心，歸回上帝的時刻

A Spirituality of Homecoming

盧雲 (Henri J. M. Nouwen) 著／黃大業 譯／HK$58

盧雲靈思集．關顧，傷癒時刻
A Spirituality of Caregiving
盧雲 (Henri J. M. Nouwen) 著／黃大業 譯／ HK$58

一花一天國——默觀的動念與操練
Just This: Prompts and Practices for Contemplation
羅爾 (Richard Rohr) 著／黃大業 譯／ HK$78

詩篇心禱：用最真實的自己面對上帝——從詩篇學禱告的 12 堂課
Psalms: Prayers of the Heart (A LifeGuide Bible Study)
畢德生 (Eugene H. Peterson) 著／黃大業 譯／ HK$78

佈道靈旅—— 52 天腓立比書靈修之旅
鄺偉志 著／ HK$68

歸心祈禱——與上帝親密之旅
張琴惠 著／ HK$83

歸心祈禱的操練——與上帝親密同行 40 天
Forty Days to a Closer Walk with God: The Practice of Centering Prayer
大衛．邁思勤 (J. David Muyskens) 著／陳群英 譯／ HK$78

歸心祈禱的操練 2 ——更深地與上帝同行 40 天
Sacred Breath: Forty Days of Centering Prayer
大衛．邁思勤 (J. David Muyskens) 著／邱其玉 譯／ HK$78

緊扣時代 服事教會

以文字傳揚基督真道

讀者意見表

衷心多謝你購買本社書籍。本社一直致力以出版事工服事教會，幫助信徒扎根於神的話語，促進靈命增長。為使我們的出版更能滿足你的需要，請填寫下列各項資料，並寄回或傳真予本社。

所購書籍：________________

本書最吸引你的地方：
☐作者 ☐適切性 ☐文筆 ☐設計 ☐實用性
☐其他：________________

購買本書地點：
☐基道書樓 ☐基督教書店 ☐非基督教書店

性別：☐男 ☐女 職業：________________

信仰：☐基督徒 ☐非基督徒

年齡：☐16歲或以下 ☐17～25歲 ☐26～35歲
☐36～55歲 ☐56歲或以上

學歷：☐中三或以下 ☐中五 ☐預科
☐大學 ☐研究院

☐我欲更多了解基道出版社的事工及考慮支持，請寄給我下列資料：
☐機構簡介 ☐新書資料 ☐「書中行」書會資料
☐《基道文字事工通訊》

姓名：________________ 電話：________________

地址：________________

____

傳真：________________ 電子郵件：________________

其他意見：________________

____

多謝賜教！

基道出版社

意見表可以傳真（2687-0281）或直接郵寄以下地址：
香港沙田火炭坳背灣街26號富騰工業中心1011室
基道出版社編輯部收